PHILIPP BRUCKER

Schöne Ortenau

FOTOGRAFIERT VON WOLFGANG BAHR

VOM
SCHWARZWALD
DURCH DEN
ORTENAUKREIS
ZUM RHEIN

*Herrn Kollegen Bürst Stehmle mit
lieben herzlichen Gruß aus der Ortenau
und mit guten Wünschen.*

Philipp Brucker

VERLAG MORITZ SCHAUENBURG

Vorwort

"C'est là un des belles impressions
de ma vie..."

"... Der Regen hatte aufgehört, die Nebel
zerstieben in alle vier Windrichtungen,
die Sichel des Halbmonds durchstieß die
rasch ziehenden Wolken und hing für
Momente frei in einem blauen Trapez,
schwebte wie ein Schiff auf einem
kleinen See. Eine Brise, die vom Rhein
herüberwehte, ließ die Bäume am Straßen-
rand fröstelnd erzittern, und wenn sie von
Zeit zu Zeit auseinandertrieben, konnte ich
in unklaren Umrissen eine verblüffende
Tiefensicht wahrnehmen: im Vordergrund
ein Hochwald, unter dem sich das Gebirge
dem Blick entwand, darunter eine uner-
meßliche Ebene, aus der die Mäander-
windungen der Gewässer wie Sterne
aufleuchteten, im Hintergrund eine dunkle,
unscharfe, schwarz-undurchdringliche
Linie, der Schwarzwald - im Lichte des
Mondes ließ sich ein wundervolles Panorama erahnen. Solche unvollendeten
Schauspiele haben vielleicht noch mehr
Zauber als offene Aussichten.

Es sind Träume, die man berührt und in die
man tief eindringen kann.
Ich wußte , daß ich Frankreich, Deutsch-
land und die Schweiz, Straßburg mit seiner
Turmspitze, den Schwarzwald mit seinen
Bergen, den Rhein mit seinen Windungen
vor Augen hatte, ich suchte dieses Bild,
ahnte es - und sah nichts.
Ich habe nie tiefere
Eindrücke empfunden... "

Inmitten der Vision des großen
französischen Dichters Victor Hugo
liegt die Ortenau.
Impressionen von dieser Landschaft
vermittelt Ihnen dieser Bildband. Ich
wünsche Ihnen viel Freude dabei.

Ihr

Günter Fehringer, Landrat

Strasbourg

Achern

Rheinau

Renchen

Ober

Kehl

Willstätt

Appenweier

Durbach

Offenburg

Schutterwald

Ortenberg

Ohlsbach

Neuried

Hohberg

Geng

Berghaupten

Meißenheim

Friesenheim

Schwanau

Lahr

Seelbach

Kippenheim

Kappel-
Grafenhausen

Mahlberg

Ettenheim

Schuttertal

Rust

Ringsheim

Freiburg

Schöne Ortenau

Stein fügte der Künstler an Stein, bis sich in der Klosterkirche von Schuttern um das Jahr 1030 das Mosaik mit dem Motiv "Kain und Abel" rundete. So soll sich auch hier Bild an Bild zu einem Mosaik fügen, das nicht alles erfassen und dennoch den Ortenaukreis präsentieren kann. Einer, der in vielen Herren Ländern gewesen war, meinte bei einem guten Viertele Klingelberger Wein, daß es keine schönere Heimat als die Ortenau geben könne. Von den Bergen mit den dunklen Wäldern führen die sich weitenden Täler zu den Hügeln der Vorbergzone, an denen der Wein wächst. Die Ebene öffnet sich wie ein großer Garten. Der Rhein ist das glitzernde Band, das die Ortenau mit dem Elsaß verbindet. Baden-Baden ist nahe. Nach Straßburg ist es nur ein Katzensprung. Über Freiburg im Süden ist man schnell in der Schweiz.

"Was witt noch meh?", fragte der Vielgereiste. Der Ortenaukreis ist ein Glücksfall. Am 1. Januar 1973 wurden die Landkreise Kehl, Lahr, Offenburg, Wolfach und Teile des Landkreises Bühl zu einem

Vom Schwarzwald durch den Ortenaukreis zum Rhein

From the Black Forest through the Ortenau to the Rhine

Le département de l'Ortenau, de la Forêt-Noire au Rhin

neuen Landkreis zusammengeschlossen, der den Namen "Ortenaukreis" erhielt.

Nur wenige wußten, daß damit eine Brücke über mehr als tausend Jahre hinweg in die Vergangenheit geschlagen wurde. Das Gebiet des neuen Landkreises ist fast deckungsgleich mit dem im 5. Jahrhundert gebildeten Alemannengau "Mortenau". Er erstreckte sich, zwischen dem Rhein und dem Schwarzwaldhauptkamm, von der alemannisch-fränkischen Gaugrenze an Murg und Oos im Norden bis zum Bleichfluß im Süden. Bis heute bewahrt die alemannische Mundart, die man auch in der Ortenau spricht, diese Abgrenzung zum Fränkischen hin. Wechselvoll war der Weg durch die Geschichte.

Keltische Fürstengräber und Fliehburgen zeugen von der Besiedlung in der Hallstattzeit. Als sich das römische Weltreich über den Rhein ausdehnte, wurde das Gebiet der heutigen Ortenau in das Dekumatenland hinter dem Limes einbezogen. Germanische Stämme, die sich selbst als "Alamanni" bezeichneten, durchbrachen um 260 n. Chr. den römische Grenzwall und drängten die Römer über den

Rhein zurück. Nachdem es den Alemannen nicht gelang, ein eigenes Königreich zu bilden, geriet ihr Herzogtum im 6. Jahrhundert unter fränkische Oberherrschaft. Mehr und mehr splitterten sich im Mittelalter die Herrschaftsbereiche auf. Zähringer und Staufer, Fürstenberger, Markgrafen von Baden, Geroldsecker und geistliche Herren teilten sich das Land. Bis 1827 das Erzbistum Freiburg geschaffen wurde, gehörten die rechtsrheinischen Archidiakonate Lahr, Offenburg und Ottersweier zum Bistum Straßburg. Von Straßburg aus war im 6. Jahrhundert die Christianisierung eingeleitet worden. Die bedeutenden Klöster Schuttern, Schwarzach, Gengenbach und Ettenheimmünster hatten großen Anteil daran. Schon die Römer führten, uralte Wegeverbindungen ausbauend, ihr Straßennetz durch die Rheinebene, aber auch in den Schwarzwald hinein. Immer war die Ortenau Schnittpunkt wichtiger Verbindungen. Immer wieder sah sie fremde Heere. Oft loderte die Fackel des Krieges über Dörfern und Städten. Erst Napoleon I. beseitigte den territorialen Flickenteppich und ermöglichte 1806 die Bildung des Großherzogtums Baden, dem nun die ganze Ortenau zugehörig war. Auch die Freien Reichstädte Offenburg, Gengenbach, Zell und das Reichstal Harmersbach mußten sich einfügen. Straßburg war, auch nach-

dem es 1681 dem Königreich Frankreich einverleibt worden war, lange Zeit noch kultureller und geistlicher Mittelpunkt für die Ortenau. Heute geht der Blick wieder über den Rhein zur Europahauptstadt Straßburg. Die Grenze ist für die dem Bundesland Baden-Württemberg zugehörigen Ortenauer durchlässiger geworden.

Die Menschen am Oberrhein können weitere Brücken für die Zukunft bauen. Wenn die Morgensonne hinter den Schwarzwaldbergen heraufsteigt, wandern wir mit ihr westwärts durch die Täler und die weite Ebene über den Rhein, bis sie hinter den Gipfeln der Vogesen versinkt.

Bei Ausgrabungen fand man in der Klosterkirche in Schuttern Reste eines Mosaiks. Es zeigt Kain und Abel.

Remains of a Cain and Abel mosaic were found during excavations beneath Schuttern abbey church.

Durant les fouilles sous l'église abbatiale de Schuttern, on a trouvé les restes d'une mosaïque représentant Caïn et Abel.

Beautiful Ortenau county

Stone by stone, around the year 1030, an unknown artist created the mosaic of "Cain and Abel" in Schuttern monastery church. This photo book has also been pieced together like a mosaic - it doesn't include everything yet it is still representative of the Ortenau county (Ortenaukreis).

While enjoying a large glass of good Riesling wine, known here as Klingelberger, a well-travelled local man once said he considered the Ortenau to be the most beautiful homeland in the world. It has everything from darkly wooded mountains with gradually widening valleys to vineyard-covered foothills and fertile farmlands on the flood plain. The Rhine resembles a glittering ribbon that ties Ortenau and Alsace together. Baden-Baden is nearby, Strasbourg not far away. Via Freiburg it's only a short distance to Switzerland in the south. "What more could you want?" our globe-trotter asked in strong local dialect. Ortenau county is a stroke of good luck. It was formed on 1st January 1973 from the former administrative areas of Kehl, Lahr, Offenburg and

Wolfach plus parts of Bühl's former administrative area. At the time few people realized that the Ortenau actually forged a link with the past. The area covered by the new county was almost exactly the same as that of the "Mortenau" territory established by the Alemannic tribes in the 5th century AD. It stretched between the Rhine and the crest of the Black Forest, from the alemannic-frankish border on the Murg and Oos rivers in the north to the Bleich in the south. The Alemannic dialect, still spoken in the Ortenau today, clearly defines that border with the Franks.

The region experienced many ups and downs in its eventful history. Burial sites of Celtic princes and defensive hilltop refuges bear witness to human settlement in the area during the Hallstatt period. When the Roman Empire spread out beyond the Rhine, the Ortenau was included within the area protected by the "Limes" boundary. In about 260 AD Germanic tribes calling themselves "Alamanni" broke through the frontier wall and pushed the Romans back over the Rhine. However, the Alemans did not manage to form a kingdom of their own, so they were ruled by the Franks from the 6th century onwards. The Ortenau area disintegrated more and more throughout the Middle Ages

as the domains were divided up between such dynasties as the Zähringer, Staufer, Fürstenberger, Geroldsecker and the margraves of Baden, as well as by princes of the church. Even until 1827, when the diocese of Freiburg was officially founded, the parishes of Lahr, Offenburg and Ottersweier in Germany still belonged to the bishop of Strasbourg in France. During the 6th century missionaries from Strasbourg had begun converting the area to Christianity, with the influential monasteries of Schuttern, Schwarzach, Gengenbach and Ettenheimmünster playing a decisive role in the process.

Vom Schuttertal führt die Straße an der Burgruine Hohengeroldseck vorbei hinüber in das Kinzigtal.

This road, which is still an important route even today, leads past the Hohengeroldseck castle ruins on its way from the Schutter valley over to the Kinzig valley.

De la vallée de la Schutter, un col, près des ruines du château Hohengeroldseck, mène à la vallée de la Kinzig.

The Romans used ancient pathways, improving them into a network of roads as they advanced along the Rhine valley and into the Black Forest. The Ortenau has always been strategically located at the intersection of important trade routes. Many foreign armies came through here. The ravages of war often destroyed its villages and towns. In 1806, Napoleon I finally cobbled together the territorial patchwork by establishing the Grand Duchy of Baden, which included the whole of the Ortenau. Even the previously "free imperial cities" of Offenburg, Gengenbach and Zell as well as the "free imperial valley" of Harmersbach had to submit to this new political order. Although it had been incorporated into the kingdom of France in 1681, Strasbourg long remained the cultural and spiritual centre of the Ortenau. This situation is now recurring as Strasbourg develops into a European capital. The French-German border has become more permeable for residents of Ortenau county, which is part of the province of Baden-Württemberg. In future the people of the Upper Rhine region will be able to build even more bridges, both literally and metaphorically. As the sun rises from behind the Black Forest mountains, our hearts and minds move westward with it on its journey over the valleys and the wide Rhine plain until it sets behind the peaks of the Vosges.

L'Ortenau en beauté

Pierre par pierre, vers l'an 1030, l'artiste a créé le dallage en mosaïque de "Cain et Abel" au monastère de Schuttern. Ainsi cette collection de photographies devient une mosaïque, laquelle, bien qu'incomplète, peut néanmoins représenter le département de l'Ortenau (Ortenaukreis).

Un globetrotter, un verre de bon vin Klingelberger à la main, prétend qu'il ne peut exister de plus beau pays que l'Ortenau. Des montagnes boisées, les vallées s'élargissent en descendant vers les collines couvertes de vignobles. La plaine se présente comme un vaste jardin. Le Rhin est ce ruban étincelant qui rattache l'Ortenau à l'Alsace. Baden-Baden est tout près, Strasbourg à deux pas. Au sud, en passant par Freiburg, on est vite en Suisse.

"Que voulez-vous de plus?" demande notre voyageur invétéré, en dialecte de la région.

Le département de l'Ortenau est un coup de chance. Il a été formé le 1er janvier 1973 à partir des anciens districts administratifs de Kehl, Lahr, Offenburg et Wolfach ainsi que de parties de l'ancien district administratif de Bühl. Peu de gens savaient alors que cet événement marquait simultanément un pas en avant et un pas dans un passé de plus de mille ans. La surface du nouveau département est presque la même que le territoire du "Mortenau" fondé par les tribus alémaniques au 5e siècle. Il s'étendait entre le Rhin et la crête de la Forêt-Noire, de la frontière alémanique-franque des rivières Murg et Oos au nord jusqu'à la Bleich au sud. Le dialecte alémanique, toujours parlé dans l'Ortenau d'aujourd'hui, confirme cette frontière de la Franconie. La région a connu une histoire mouvementée. Les tombes des seigneurs celtes et les remparts de défense et de refuge témoignent d'un peuplement durant la période Hallstatt. Lorsque l'Empire romain s'étendit au-delà du Rhin, le territoire de l'Ortenau actuel y a été inclus. Vers 260 après J.-C. les tribus germaniques, qui se nommaient "Alamanni", ont rompu la ligne de défense "Limes" et repoussé les Romains de

l'autre côté du Rhin.
Mais les Alémans n'ont pas réussi à établir leur propre royaume et, au 6e siècle, leur duché a été dominé par les Francs.

Durant le Moyen-Âge, l'Ortenau est devenu de plus en plus parcellaire, car la région a été divisée entre les dynasties des Zähringer, Staufer, Fürstenberger, Geroldsecker, margraves de Bade, et les princes de l'Église. Jusqu'en 1827, où le diocèse de Freiburg fut fondé, les paroisses de Lahr, Offenburg et Ottersweier en Allemagne appartenaient toujours à l'évêque de Strasbourg en France. C'est au 6e siècle, à partir de Strasbourg, que des missionaires ont converti la région à la religion chrétienne et les grands monastères de Schuttern, de Schwarzach, de Gengenbach et d'Ettenheim-münster y ont joué un rôle déterminant.

Les Romains ont utilisé les anciens chemins, qu'ils ont améliorés en réseau de bonnes routes au fur et à mesure qu'ils avançaient le long de la vallée du Rhin et dans la Forêt-Noire. La région de l'Ortenau se trouvait toujours au croisement des itinéraires de commerce importants. Maintes armées l'ont traversée. Les flammes de la guerre ont souvent détruit ses villages et ses villes. En 1806, Napoléon 1er a réussi à raccommoder le tapis bigarré des territoires en établissant le Grand Duché de Bade, qui comprenait tout l'Ortenau. Même les anciennes "villes libres impériales" d'Offenburg, de Gengenbach, de Zell et "la vallée libre impériale" de Harmersbach ont dû se soumettre au nouvel ordre politique.

Même après 1681, lorsque Strasbourg fut intégrée dans le royaume de France, la ville est toujours restée le centre culturel et spirituel de l'Ortenau. Cette situation se renouvelle aujourd'hui, à mesure que Strasbourg se développe en une capitale européenne. La frontière devient plus perméable pour la province de Baden-Württemberg en République fédérale d'Allemagne. Les résidents de l'Ortenau pourront continuer à construire des ponts au-dessus du Rhin.

Ainsi que le soleil se lève derrière les montagnes de la Forêt-Noire et se couche derrière les sommets des Vosges, nos pensées suivent le même parcours le long des valleés et à travers la plaine du Rhin.

Der italienische Bildhauer Sandro Chia schuf den Weingott Bachus, den Offenburgs Ehrenbürger Dr. Franz Burda für den Ortsteil Fessen-bach stiftete.

This statue of the wine god Bacchus was created by the Italian sculptor Sandro Chia.

Le sculpteur italien Sandro Chia a créé cette statue du dieu du vin Bacchus.

Am Fuß der Hornisgrinde

Manchmal geschieht das Wunder. Die Hornisgrinde zeigt unter der spitzen Nadel des Fernsehturms noch ein weißes Band aus Schnee. Die Bäume, die die Schwarzwaldhochstraße säumen, glitzern im Rauhreif. Drunten in der Rheinebene aber hat sich der Frühling auf leisen Sohlen durch die burgundische Pforte geschlichen. In seinem Gefolge weht der warme Wind vom Mittelmeer her an den Hügeln der Ortenau entlang und dringt in die Täler hinein. Mit sanfter Hand bringt er die ersten Kirschbäume zum Blühen.

Weit steigen die Behausungen der Menschen an der Westflanke des mächtigen Gebirgsstocks hinauf. Wer nachts in der Ebene zu den dunklen Bergen blickt, sieht die vielen Lichter der Weiler, der Höfe und der gastlichen Stätten wie Glühwürmchen blinken. Droben in den Hochmooren, an dem von Besuchern umlagerten Mummelsee oder in dem wie ein Auge aus der Tiefe des Bergkessels leuchtenden Wildsee sind die Märchen daheim. Die Ausblicke, die die Schwarzwaldhochstraße gewährt, verlocken zum Abstieg in die Ebene. Wanderwege und Straßen winden sich durch die Wälder zu den sich mehr und mehr öffnenden Tälern. Im kleinen Stausee der Glashütte sieht sich die Sonne lachen. Eine Sonne, die im Sommer so wohlwollend über den Hängen der Hügel um Lauf liegt, daß nicht nur ein von Kennern geschätzter Wein wächst, sondern auch kleine Wälder von Eßkastanienbäumen zu toskanischen Träumen einladen. Die Landschaft zwischen Laufbachtal und Achertal ist den Menschen, die dort wohnen, aber nicht zum Träumen bestimmt. Sie bereiten den vielen Gästen in einladenden Häusern die Forellen, das Wild, die Früchte und den Wein zum köstlichen Mahl. Sie freuen sich, wenn sie Behaglichkeit schenken und Zufriedenheit einheimsen dürfen. In den Obstanlagen und Weinbergen gehen sie ihrem Tagewerk genau so nach, wie in den Steinbrüchen und Sägewerken. Dann und wann halten sie inne und bereiten sich und anderen frohe Feste. In den Brennereien spürt man den Schwarzwaldschnäpsen nach, sei es Kirschwasser oder Himbeergeist. Mit Blumen schmücken sich in Sasbachwalden nicht nur die Fachwerkhäuser. Auch Gartenzäune, steinerne Tröge und Leiterwagen geben Anregungen für farbenfrohe Inszenierungen. Bei solch einem sprühenden Blumenfeuerwerk darf der sanfte Spätburgunder Rotwein nicht in der Flasche bleiben.

Auf dem Mühlenrundweg in Ottenhöfen dürfen die Wanderer acht typische Schwarzwälder Getreidemühlen und eine Hammerschmiede besichtigen. Wer müde geworden ist und den Fahrplan im Kopf oder im Rucksack hat, für den pfeift die kleine Dampflokomotive der historischen Achertalbahn nicht vergebens im Bahnhof Ottenhöfen. In ihren alten Waggons zieht sie eine frohe Gästeschar durch das sonnenüberglänzte Land. Während draußen die Hügel mit den Weinbergen, die Wiesen mit den Obstbäumen und die Dörfer mit ihren weithin grüßenden Kirchtürmen vorbeiziehen, beginnt man in den Waggons froh zu singen.

At the foot of Hornisgrinde

Wonders will never cease. A white strip of snow lingers on the Hornisgrinde summit with its sharply pointed television tower and the trees lining the Black Forest High Road still glisten with hoarfrost while down below spring has already crept through the "Burgundian Gap" onto the Rhine plain. Thus a warm Mediterranean wind has brought its gentle touch to the lower hills and valleys of the Ortenau and transformed the first cherry trees into a sea of blossom. Human dwellings are spread out all over the western flank of this mighty Hornisgrinde massif. Looking up from the plain at night you can see the many lights of hamlets, farms and inns twinkling like fireflies in the dark. On the upland moors, although often invaded by swarms of visitors, a fairytale realm lies beneath the lakes at Mummelsee or Wildsee, which looks like a bright eye blinking out from the depths of its hollow.

The Black Forest High Road accords such fine views of the Rhine plain that you are tempted along the roads and walking paths winding their way down through forests and widening valleys. On the way you notice the smiling face of the sun reflected in Glashütte pond. Indeed, the sun is so well disposed towards the hillsides around Lauf that not only excellent wines much appreciated by connoisseurs grow here but also edible chestnut trees flourish, making you dream of Tuscany. However, in the area between the Laufbach and Acher valleys the local inhabitants have no time to dream. They are too busy preparing delicious meals of local trout, game, fruit and wine, keeping their many customers satisfied. They are happy to look after contented and grateful guests who appreciate their warm hospitality. And they work just as hard in the orchards and vineyards as in the quarries and sawmills. Yet every now and then they do stop working long enough to organize fun and festivities.

Black Forest specialities such as cherry brandy and raspberry spirits can be found at numerous little distilleries. In Sasbachwalden not only are the half-timbered houses decorated with colourful flowers but also the garden fences, stone troughs and wooden carts. These brilliant displays attract many admirers who also enjoy the smooth local red wine.

Walkers can visit eight typical old Black Forest flour mills and a hammer-smithy along the Otten-höfen Mill Trail. If they get tired, and have the train timetable in their head or their backpack, they can take a ride on the little steam train which puffs along the Acher valley historical railway.

Cheerful passengers burst into song as the ancient carriages rattle through the sunny countryside, passing vine-covered hillsides, meadows with scattered fruit trees and villages whose church towers seem to greet them from afar.

Au pied de la Hornis-grinde

Quelquefois il y a vraiment des miracles. Comme par exemple lorsque le sommet de la Hornisgrinde, sous la tour pointue de la télévision, est recouvert d'un ruban blanc de neige et les arbres le long de la Haute Route de la Forêt-Noire étincellent sous le givre mais en bas, le printemps est déjà arrivé sur la plaine du Rhin. Il s'y est glissé par "la porte de Belfort" en amenant le vent doux de la Méditerranée aux collines et aux vallées de l'Ortenau. D'une main douce il a déjà fait fleurir les premiers cerisiers. De nombreuses habitations sont éparpillées sur le flanc ouest du massif imposant. La nuit, à partir de la plaine, en regardant les collines, on voit les lumières des hameaux, des fermes et des auberges comme les lucioles étincellantes dans le noir. Tout à fait en haut, sur les landes, le pays aux contes de fée se trouve au lac Mummel, souvent envahi par les touristes, ou au petit étang de Wildsee, qui ressemble à un oeil luisant enfoncé dans son creux.

Les belles perspectives de la Haute Route de la Forêt-Noire nous invitent à descendre dans la plaine. Des sentiers et des routes serpentinent à travers des forêts pour arriver dans les vallées s'élargissant. Le soleil se sourit dans le petit étang de Glashütte. En effet, le soleil rayonne si bien sur les collines autour de Lauf que les vignobles y produisent un bon vin apprécié par les connaisseurs. De même les châtaignes y invitent à rêver de la Toscane.

Mais les gens du pays entre la vallée de la Laufbach et celle de l'Acher n'ont pas le temps de rêver car il s'agit de préparer des repas délicieux à base de truites, de gibier, de fruits et de vins de la région pour les nombreux touristes.

Les habitants sont contents d'offrir un accueil hospitalier et de satisfaire leurs clients. D'ailleurs, ils s'appliquent au travail quotidien dans les vergers et dans les vignobles aussi bien que dans les carrières et dans les scieries.

De temps en temps ils cessent de travailler afin d'organiser de belles fêtes pour eux-mêmes et pour les autres.

Dans les distilleries on va chercher les fameuses eaux-de-vie de la Forêt-Noire, comme celle de cerise ou de framboise. À Sasbachwalden, non seulement les maisons sont décorées de fleurs magnifiques mais aussi les palisades des jardins, les bacs en pierre et les anciennes charettes. Ce spectacle de fleurs hautes en couleurs comme un feu d'artifice attire les touristes qui n'oublient pas de boire le bon vin rouge (Spätburgunder).

Sur le Chemin des Moulins d'Ottenhöfen on découvre une forge et huit moulins à farine typiques de la Forêt-Noire. S'il connaît l'horaire par coeur ou le porte dans le sac à dos, le voyageur fatigué peut profiter du chemin de fer historique de la vallée de l'Acher.

Le petit train à vapeur siffle en tirant ses vieux wagons à travers un paysage ensoleillé. Les passagers heureux commencent à chanter lorsqu'ils voient les collines recouvertes de vignobles, les prés aves leurs arbres fruitiers et les villages avec leurs tours d'église qui semblent saluer les passants.

Am Fuß der Hornisgrinde

Der Raureif verzaubert die Bäume, die sich vor dem Winter verneigen. Zum Frühling gehört auf den Höhen der Ginster, der mit gelben Flammen züngelt und für den Sommer ein leuchtendes Zeichen setzt. Auf schwankendem Boden steht der Wanderer im Hochmoor. Da ist er dankbar für einen Knüppeldamm. Federleicht wiegt sich das zarte Wollgras im Wind. Seltene Pflanzen sind im geschützten Moor daheim.

Enchantingly frosted trees bow down beneath the weight of winter. On the highland heaths, the yellow flames of springtime gorse herald the arrival of a splendid summer. Up on the moors, hikers need wooden walkways to cross the bogs. Feather-like tufts of cotton-grass sway gently in the wind. Rare plants are protected in this nature reserve.

La magie du givre a transformé les arbres qui s'inclinent devant l'hiver. Sur les hauteurs, le printemps ramène le genêt aux flammes dorées annonçant un été resplendissant. Sur les landes humides, le randonneur a besoin d'un chemin de planches car il se trouve sur un terrain mouvant. Comme une plume, le cotonnier se balance doucement au vent. Des plantes rares sont protégées dans cette réserve naturelle.

Nur der Name "Glashütte" erinnert noch an die Glasbläser, die einst hier ihre Werkstätte hatten. Aus dem stillen See rauscht der Laufbach über kleine Wasserfälle zu Tal nach Lauf. Das "Erlenbad" in Obersasbach ist mit seinen schönen Anlagen Ordenshaus und Sanatorium zugleich. Das Klauskirchle in Achern wird 1318 erstmals erwähnt. Es weist mitten in der Stadt in die Geschichte zurück.

Only the name "Glashütte" reminds us that glassblowers once worked by this quiet lake. From here the Laufbach stream rushes over many little waterfalls on its way down to Lauf. Surrounded by attractive gardens "Erlenbad" spa at Obersasbach is both a convent and sanatorium. Achern's St. Nicholas chapel, first mentioned in 1318, reminds us of this modern town's history.

Seulement le nom "Glashütte" rappelle le fait que les soufleurs de verre avaient jadis leurs ateliers ici. À partir du petit lac tranquille, la Laufbach murmure sur des petites chutes d'eaux sur son parcours qui descend jusqu'à Lauf. Le bain "Erlenbad" à Obersasbach, entouré d'un beau parc, est en même temps un couvent et un sanatorium. La chapelle de St-Nicolas à Achern a été mentionnée pour la première fois en 1318. En plein milieu de la ville moderne, elle nous rappelle le passé.

Am Fuß der Hornisgrinde

Bei großem
Holzanfall muß
gelagertes Holz
gegen den
Nutzholzbohrer,
einen Käfer, ge-
schützt werden.
Das geschieht
durch eine
Dauerberieselung.
In feinen
Schleiern wird
das Wasser auf
die Stämme
gesprüht. Ein
Schmetterling
hat sich auf
einer Blüte in
Sicherheit
gebracht. In
Sasbachwalden
finden sich
schöne Fach-
werkhäuser.
Der klare Bach
plätschert über
bemooste
Steine.

In some cases
large quanities
of commercial
timber must be
protected
against the
destructive
wood beetle,
which is done
by continually
drenching the
tree trunks with
a fine spray of
water.
A beautiful
butterfly has
settled on a
flower.
There are some
magnificent
half-timbered
houses in
Sasbachwalden.
The clear
waters of a
stream gurgle
over moss-
covered stones.

Les grandes
quantités de
bois commer-
cial doivent
être protégées
contre les
dégâts de
coléoptères
nocifs. Cela se
fait par un
arrosage
permanent par
laquelle une
poussière d'eau
est répandue
sur les troncs
d'arbres
abattus. Un
papilion s'est
refugié sur une
fleur.
À Sasbach-
walden on
découvre de
belles maisons
à colombages.
On entend le
clapotis du
ruisseau dont
les eaux claires
coulent sur les
pierres recou-
vertes de
mousse.

Am Fuß der Hornisgrinde

Throughout the year walkers tread the many footpaths around this hospitable fresh-air resort. The waterwheel still turns near Ottenhöfen. The historical steam train puffs and pants up and down the Acher valley.

Seebach nennt sich das "Mummelseedorf". Im Winter finden die Skiläufer auf den Höhen beim See ihre Paradiese. Den Wanderern gehören die Berge und Täler rund um den gastfreundlichen Luftkurort. Bei Ottenhöfen klappert die Mühle. Durch das Achertal fährt pfeifend und fauchend der historische Dampfzug.

Seebach calls itself "Mummelsee Village". In winter skiers enjoy the snowy heights around the lake.

Seebach se nomme "le village du Mummelsee". En hiver, les skieurs s'en donnent à coeur joie sur les hauteurs autour du lac. Les randonneurs parcourent les sentiers autour de cette station climatique. Près d'Ottenhöfen, le ruisseau fait encore tourner le moulin à eau. Le train à vapeur siffle le long de la vallée de l'Acher.

Am Fuß der Hornisgrinde

Der Frühling hat die Hügel und Berge um Sasbachwalden verzaubert. Das Blütenmeer schäumt um Häuser und Kirche. Da darf sich der Fenstergucker freuen. Bald werden die Weinstöcke bei der Burg Rodeck den goldenen Herbst ankündigen. Sasbachwalden schickt sich an, einen Blumensommer zu inszenieren.

As if by magic, spring has transformed the hills around Sasbachwalden into a sea of blossom foaming around the houses and the church.

The vines below Rodeck Castle herald a golden autumn while Sasbachwalden presents its annual flower show.

Comme par enchantement, le printemps a transformé les collines et les montagnes autour de Sasbachwalden en une mer de fleurs autour des maisons et de l'église. Quand arrivera l'automne, les vignobles du Château de Rodeck auront porté fruit. Entretemps, Sasbachwalden fait son spectacle annuel de fleurs d'été.

Bei Grimmelshausen zu Gast

Die Gegenwart ist mit der Vergangenheit verwoben. "Die Wirte treiben nicht deswegen ihre Wirtschaften, um reich zu werden, sondern damit sich die Hungrige, Durstige und Reisende bei ihnen erquicken und sie die Bewirtung als ein Werk der Barmherzigkeit an den müden und kraftlosen Menschen üben können." Der dies um das Jahr 1665 schrieb, mußte es wissen. Es war der große deutsche Dichter der Barockzeit, Johann Jakob Christoph von Grimmelshausen. In dem Oberkircher Ortsteil Gaisbach hatte er 1657 als Wirt das Gasthaus "Zum Silbernen Sternen" geführt. Es lag zu Füßen der Schauenburg. Von ihrer Ruine geht heute noch der Blick hinüber nach Straßburg, aber auch das Renchtal aufwärts zu den Bergen. Dort droben im tiefen Wald stehen die so romantisch anmutenden Reste des Klosters Allerheiligen. Nach einem Brand war es 1470 neu erbaut worden. Um 1197 hatte es die Herzogin Uta von Schauenburg gestiftet. Sie wohnte zeitweise auf der Burg bei Oberkirch.

Über acht Felsstufen stürzt der Wasserfall unterhalb des Klosters tosend zu Tal. Als Lierbach fließt das Wasser nach Oppenau, um dort in die Rench zu münden. Das einzig noch erhaltene Stadttor Oppenaus zeigt das Wappen des Straßburger Fürstbischofs Rohan. Das Renchtal gehörte einst zum Hochstift Straßburg. In Oberkirch saß der bischöfliche Obervogt.

Hinter Oppenau begegnen wir talauf wieder dem Dichter Grimmelshausen. In seinem großen Roman,

der die Welt des Dreißigjährigen Kriegs schildert, läßt er seinen Helden Simplicius auch durch die damals schon berühmten Heilbäder Bad Peterstal und Bad Griesbach schlendern. "Das Sauerbrunn schlug mir je länger je besser zu", heißt es da, "weil sich nicht allein die Badegäste gleichsam täglich mehrten, sondern weil der Ort selbst und die Manier zu leben mich anmutig zu sein dunkte." Auch heute finden viele Menschen Erholung und Heilung in den Heilbädern mit ihren Mineralquellen. Die Landschaft des hinteren Renchtals am Fuß des Kniebis trägt wohltuend zur Erholung bei. In Flaschen abgefüllt, gehen die Mineralwässer weit in das Land hinaus.

Das Kloster Allerheiligen übernahm 1480 die Fertigstellung der Wallfahrtskirche Mariä Himmelfahrt in Lautenbach, vor den Toren Oberkirchs. Wenn die berühmte Kirche mit Lettner, Gnadenkapelle und Hochaltar auch ein erlebnisreicher Ort für Kunstfreunde ist, sollte man nicht vergessen, daß dieser bewundernswerte Raum vorallem den Gläubigen zur Andacht dient.

Bei Oberkirch öffnet sich das Tal in die weite Ebene. Gewerbe- und Industriebetriebe gehören genau so zu dieser freundlichen Stadt wie der Erzeugerobstgroßmarkt. Er ist ein Spiegelbild des vorallem mit Erdbeeren, aber auch mit anderen Früchten und mit Wein gesegneten Gartens rund um die Stadt. Im nahen Renchen steht das Denkmal Grimmelshausens, der hier bis zu seinem Tod 1676 als Schultheiß amtete. Frohgemut schwenkt er zum Gruß seinen Hut.

Grimmelshausen's guests

Past and present are inextricably interwoven here. "Landlords do not run their inns to get rich but to provide food, drink and lodging for the hungry, the thirsty and for travellers. They care for the tired and the weak as an act of charity." The man who wrote those words in 1665 should know – Johann Jakob Christoph von Grimmelshausen was the great German baroque author who had been landlord of "The Silver Star Inn" (Zum Silbernen Sternen) in 1657, in the village of Gaisbach at the foot of Schauenburg castle near Oberkirch. The view from the castle ruins extends to Strasbourg as well as along the Rench valley towards the mountains. Upstream, in the depths of the forest, stand the romantic ruins of All Saints' monastery which was rebuilt after a big fire in 1470. It had been founded in 1197 by Duchess Uta von Schauenburg who sometimes lived in her castle near Oberkirch.

Downstream from the monastery the Lierbach thunders over eight waterfalls before flowing onwards to Oppenau where it joins the Rench. Oppenau's only remaining town gateway displays the coat of arms of the Rohan prince-bishops in Strasbourg. The Rench valley once belonged to Strasbourg cathedral and a steward managed the bishop's estates from Oberkirch.

In the valley above Oppenau we come across Grimmelshausen again. In his great novel which depicts the world of the Thirty Years' War as seen by Simplicius, he lets his hero take time out at the already well-known spa towns of Bad Peterstal and Bad Griesbach. "The longer I stayed there the more I enjoyed taking the waters", he wrote, "not only because more and more visitors came every day, but also because the place itself and the way of life seemed so pleasant." Many people still find recreation and recovery in these health resorts and their mineral springs. Convalescence is enhanced by the beneficial effects of this landscape at the foot of Mount Kniebis. The mineral water is bottled and sent out all over the country.

In 1480 All Saints' monastery completed the construction of the pilgrimage church of the Assumption of the Blessed Virgin at Lautenbach, not far from Oberkirch. Although the church is famous for its rood screen, Lady Chapel and high altar, offering a marvelous experience for anyone interested in art, we shouldn't forget that this admirable interior is first and foremost a place of worship. The Rench valley widens at Oberkirch, a friendly town with commercial and industrial companies as well as a farmers' wholesale market selling produce from the surrounding fertile fields which are well-known for strawberries as well as other fruits and wines. In nearby Renchen, where Grimmelshausen held office as mayor until he died in 1676, his memorial statue seems to greet us with a cheerful wave of its hat.

En visite chez Grimmelshausen

C'est ici que le passé et le présent se mêlent. "Les aubergistes ne tiennent pas leurs auberges pour s'enrichir mais pour offrir à manger, à boire et pour héberger les voyageurs et ceux qui ont faim ou soif – ils se soucient des faibles et des fatigués comme un acte de charité." Ces mots ont été écrits vers 1665 par quelqu'un qui devait le savoir – le plus grand poète baroque, Johann Jakob Christoph von Grimmelshausen qui, en 1657, fut l'aubergiste de "L'étoile d'argent" (Zum Silbernen Sternen) au village de Gaisbach, situé au pied du château de Schauenburg près d'Oberkirch. Le panorama visible à partir des ruines de ce château s'étend jusqu'à Strasbourg ainsi que le long de la vallée de la Rench et vers les montagnes. Là-haut, au fond de la forêt, s'élève toujours la ruine romantique du monastère de la Toussaint, rebâti après un grand incendie en 1470 mais fondé en 1197 par la duchesse Uta von Schauenburg qui habita parfois son château près d'Oberkirch. En aval du monastère, la Lierbach se jette sur huit chutes d'eaux avec un bruit retentissant, avant de descendre à Oppenau où elle se déverse dans la Rench. La seule porte de défense qui existe encore à Oppenau présente les armoiries des princes-évêques Rohan de Strasbourg. La vallée de la Rench appartenait autrefois à la cathédrale de Strasbourg dont le siège était à Oberkirch et d'où les intendants géraient leurs domaines et leurs biens.

En amont d'Oppenau on rencontre de nouveau le poète Grimmelshausen. Dans son grand roman, qui décrit le monde durant la Guerre de Trente Ans, son héros Simplicius saisit l'occasion de se reposer aux stations thermales de Bad Peterstal et de Bad Griesbach. "Plus j'y demeurais, plus j'y appréciais les eaux", écrit-il, "pas seulement parce que il y avait de plus en plus de visiteurs aux bains, mais aussi parce que le lieu même et la mode de vie me paraissaient si agréables." Les eaux minérales des sources sont toujours appréciées par beaucoup qui ont besoin de se rétablir et de se guérir. Leur convalescence est aidée par les effets salutaires du paysage autour de la haute vallée de la Rench au pied du mont Kniebis. L'eau minérale embouteillée est vendue partout dans la région.

En 1480, le monastère de la Toussaint a terminé les travaux de construction de l'église de pèlerinage de l'Assomption à Lautenbach, non loin d'Oberkirch. Sa chapelle de la Vierge, son jubé sculpté et son autel principal étant célèbres, elle offre une belle expérience à ceux qui s'intéressent à l'art, mais on ne devrait pas oublier que cette église admirable est surtout un lieu de culte.

La vallée s'élargit à Oberkirch, une ville accueillante avec ses entreprises commerciales et industrielles ainsi que ses marchands de fruits en gros. Ses produits viennent des jardins maraîchers fertiles aux alentours, également bien-connus à cause de leurs fraises, de leurs autres fruits et de leurs vins. Juste à côté, à Renchen, où il était maire jusqu'à sa mort en 1676, le monument à Grimmelshausen semble nous faire signe en agitant son chapeau d'un geste allègre.

Bei Grimmelshausen zu Gast

Weit geht der Blick von der Burgruine Schauenburg über Oberkirch hinweg zu den Vorbergen des Schwarzwalds und in die Rheinebene. In Bad Peterstal steht der Brunnentempel der Sophienquelle. Hier und in Bad Griesbach am Fuß des Kniebis sind die heilenden Quellen seit Jahrhunderten bekannt. Die Mineralwasserbetriebe tragen den Namen hinaus in das Land.

The view from Schauenburg castle ruins extends beyond Oberkirch towards the foothills of the Black Forest and onto the Rhine plain. This temple structure was built over Sophie's Spring at Bad Peterstal. Here and at Bad Griesbach the spas' healing properties have long been recognized and their names are well-known through their mineral water companies.

Des ruines du château Schauenburg la vue s'étend au-delà d'Oberkirch jusqu'aux côteaux de la Forêt-Noire et sur la plaine du Rhin. À Bad Peterstal, le temple de la fontaine a été construit sur la source de Sophie. Les qualités curatives de cette eau et celle de Bad Griesbach sont connues depuis des siècles. Leurs noms sont célèbres à cause de leurs entreprises d'eau minerale.

Bei Grimmels-hausen zu Gast

Die Morgensonne liegt über Oppenau. Hier mündet der vom Kloster Allerheiligen kommende Lierbach in die Rench. Sie treibt das mächtige Rad der Ölmühle in Oberkirch. Dort am Kanal kann man auch das heitere Fachwerkidyll genießen. Seit Jahrhunderten ist Oberkirch das Zentrum für das untere Renchtal.

The morning sun shines on Oppenau. Starting at All Saints monastery, the Lierbach flows into the Rench which still turns this mighty oil mill wheel. Oberkirch, with its idyllic half-timbered houses by the canal, has been the most important settlement in the lower Rench valley since at least the 11th century.

Le soleil matinal brille sur Oppenau. C'est ici que, venant du monastère de la Toussaint, le Lierbach se déverse dans la Rench, qui fait toujours tourner l'immense roue du moulin à huile. Oberkirch, avec ses maisons à colombages idylliques situées le long du canal, est depuis longtemps la ville la plus importante de l'aval de la Rench.

Dieser Altar gehört zur Wallfahrtskirche von Lautenbach.
This altar stands in Lautenbach pilgrimage church.
Cet autel se trouve dans l'église de pèlerinage à Lautenbach.

Bei Grimmels-hausen zu Gast

Ein Juwel der ausklingenden Gotik ist die Wallfahrts-kirche Mariä Himmelfahrt in Lautenbach. Der Lettner wurde 1488 errichtet, die Gnadenkapelle zwei Jahre zuvor eingefügt. Unter dem spätgotischen Netzwerk des Chores steht der berühmte Hochaltar.

The pilgrimage church of the Assumption of the Blessed Virgin at Lautenbach is a late gothic architectural gem. The Lady Chapel was added in 1486, the rood screen two years later. The famous high altar lies beneath the lattice vaulting of the choir.

L'église de pèlerinage de l'Assomption à Lautenbach est un joyau de la dernière période du style gothique. La chapelle de la Vièrge fut construite en 1486, le jubé sculpté en 1488. Sous les voûtes treillagées du choeur se trouve le célèbre autel principal.

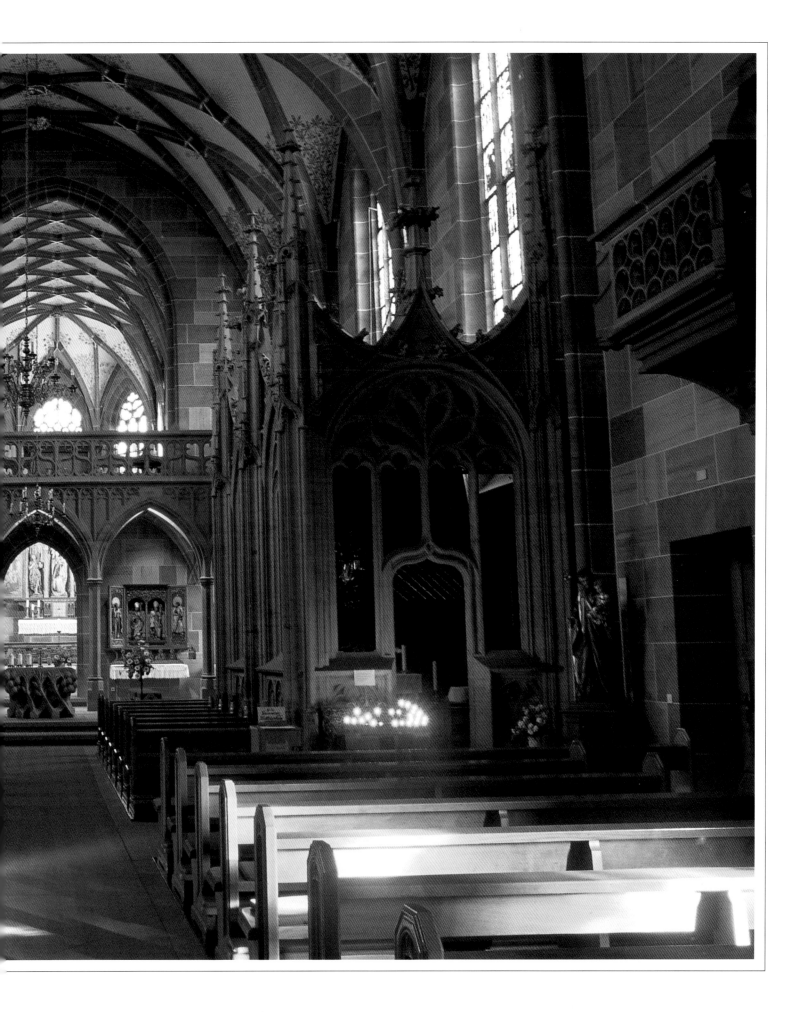

Bei Grimmelshausen zu Gast

Die Ortenau ist auch das Land der Brennerei-en. Groß- und Kleinbrenner verstehen die hohe Kunst des Brennens von allerlei "Wässern und Geisten". Im Keller der Winzergenossen-schaft Ober-kirch probiert man einen guten Tropfen. Da kann die Großmutter nur zustim-mend lächeln. Droben im Wald steht die Ruine des Klosters Allerheiligen. In Renchen grüßt uns der Dichter Grimmelshausen.

Ortenau is a county of distilleries, both large and small, producing "brandies and spirits". Wine is tasted in Ober-kirch wine-growers co-operative, and this old lady can only smile in approval. All Saints' Monastery ruins lie in the forest. In Renchen the famous author Grimmelshausen greets us with a cheerful wave of his hat.

L'Ortenau est aussi un pays de distilleries, grandes et petites, toutes expertes dans la production "d'eaux-de-vie et de spiritueux". Dans la cave de la cooperative viticole d'Ober-kirch on déguste le bon vin, et le sourire d'approbation de grand-mère se passe de mots. Les ruines du monastère de la Toussaint se trouvent dans la forêt. À Renchen, l'écrivain Grimmelshausen nous salue en agitant son chapeau d'un geste allègre.

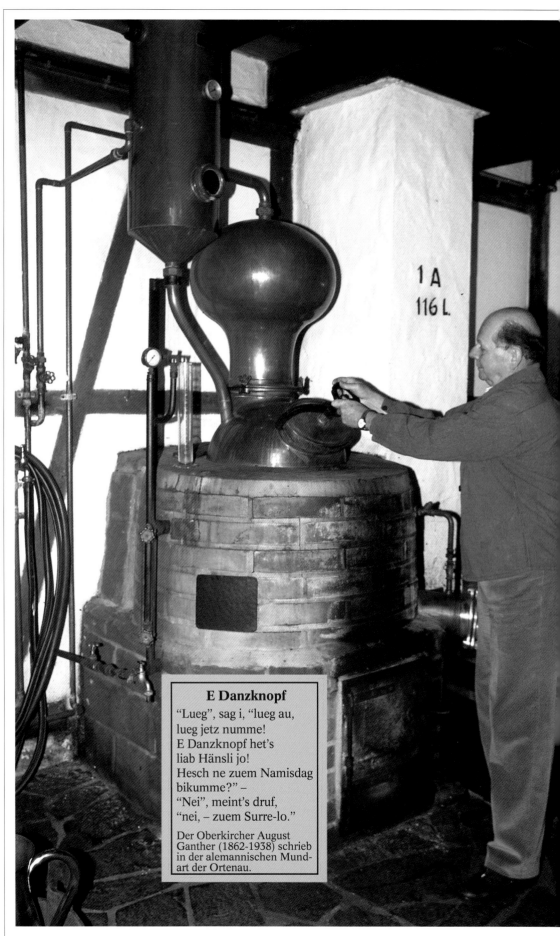

E Danzknopf

"Lueg", sag i, "lueg au, lueg jetz numme!
E Danzknopf het's liab Hänsli jo!
Hesch ne zuem Namisdag bikumme?" –
"Nei", meint's druf, "nei, – zuem Surre-lo."

Der Oberkircher August Ganther (1862-1938) schrieb in der alemannischen Mund-art der Ortenau.

Bei Grimmels-hausen zu Gast

Von Oberkirch ist est nicht weit nach Durbach. Bei Weinwander-wochen kann man den "Klingelberger", einen Riesling, und den "Clevner", einen Traminer, kennenlernen. Durch die Weinberge führt der Weg hinauf zum Schloß Staufenberg, das schon im 11. Jahrhundert begonnen wurde. Den Namen der Burg trägt auch eine große Fachklinik.

In Durbach you can go for a "wine and walking week" to learn about "Klingelberger", another name for Riesling, and "Clevner", a type of Traminer. A path leads up through the vineyards to Staufenberg Castle, begun in the 11th century. This is also the name of the local specialist clinic. Works of art can be viewed in a nearby sculpture park.

Á Durbach, on peut faire la connaissance de vins, tels que le "Klingel-berger", sorte de Riesling, et le "Clevner", genre de Traminer, au cours d'une semaine de "vins et randonnées". Un sentier monte à travers les vignobles jusqu'au château de Staufenberg, commencé au 11e siècle. La grande clinique spécialisée de Durbach porte également ce nom. Un parc de sculptures y rend hommage aux beaux-arts.

Vom Kinzigtal zur Ebene

Die Extreme berühren sich. Wer von den Bergen herabkommt, kann sich an der großen Schnittstelle vor Hausach davon überzeugen. Gutach und Kinzig vereinigen sich hier. Zwei Bundesstraßen gehen ineinander über. Auch die Gleise zweier Eisenbahnstrecken werden verknüpft. Was ganz in der Nähe im Museum bewahrt und gepflegt wird, muß sich hier gegen eine Welt stemmen, die die Menschen Tag für Tag mit Fortschritten überschwemmt.

Vom Bodensee kommend, erreichen Eisenbahn und Fernstraße bei Hornberg den Ortenaukreis. Wenn der Zug über den kühnen Viadukt fährt, hat er auf seiner Talfahrt schon 38 Tunnels durchfahren. Ganz nahe kommen sich Straße und Eisenbahn beim Vogtsbauernhof in Gutach. Hunderttausende Besucher lassen sich Jahr für Jahr in diesem so harmonisch in die Landschaft eingebundenen Freilichtmuseum durch die für die jeweilige Gegend typischen Bauernhäuser führen. Wohnräume und Ställe, Nebengebäude und Gärten weisen zurück in eine Zeit, in der, trotz aller Bürde des Daseins, sich noch ein Zusammenklang von Mensch, Behausung und Landschaft ergab. Heimat wurde erlebt im Daheim.

Wer die großen Bauernhöfe an den Hängen um Gutach sieht oder in die Seitentäler wandert, darf immer noch dem Schwarzwald nahe sein, der sich nicht mit Bollenhüten vermarkten läßt. Hier sind wir in der Heimat dieser so charakteristischen Tracht, zu der der Liebreiz der Mädchen gehört. Hier spiegelt sich in den Prozessionen und den dafür ausgebreiteten Blumenteppichen noch jene echte Frömmigkeit wider, die sich an solchen festlichen Tagen öffentlich darstellt.

Von Wolfach mit seinem die malerische Innenstadt begrenzenden Schloß, fließt die Kinzig, begleitet von Bahn und Straße, an den aufsteigenden Berghängen vorbei. Sie bestimmt bald das sich mit Städten und Dörfern schmückende Tal, das sich mehr und mehr weitet. Die Fernstraße aber befolgt bei Hausach das, was der geniale Ingenieur Robert Gerwig um 1870 schon der Eisenbahn befahl. Sie verschwindet in das Dunkel eines Tunnels, um damit der Hausacher Innenstadt die jahrzehntelang ersehnte Verkehrsberuhigung zu schenken.

Begleitet von idyllischen Seitentälern und eingegrenzt von einem schützenden Damm, fließt die Kinzig dahin. Nicht immer ließ sich der Strom der Geschichte genau so bändigen. Stolze Städte, wie Haslach und Gengenbach oder Zell mit dem Freien Reichstal Harmersbach, bekamen immer wieder die kriegerischen Auseinandersetzungen zu spüren. Weit in das Tal grüßt der barocke Turm der Kirche von Gengenbach. Er erinnert an das einst so mächtige Kloster. Die Gassen mit den behaglichen Fachwerkhäusern durften sogar Filmkulisse sein.

Industrie, Gewerbe und Handel haben im Kinzigtal und auch im Tal der Gutach bedeutende Standorte entwickelt. Weiter talab künden Weinberge davon, daß das in die Rheinebene sich öffnende Tal mit Obstanlagen und Gemüsekulturen ein reicher Garten ist. Als wolle dieser Garten heute noch beschützt werden, so steht das Schloß Ortenberg wie ein Wächter über dem Tal.

The Kinzig valley

This is where two extremes meet. As you come down from the mountains you can easily see their meeting point near Hausach, where the Gutach merges with the Kinzig river. This is also where two main roads join and two railway lines link up. The traditions preserved in the nearby museum must struggle against a world where people are constantly overwhelmed by progress.

Coming from Lake Constance (Bodensee), the railway and the road enter Ortenau county at Hornberg. By the time it crosses the daring viaduct there, the train has already descended through 38 tunnels. The rail, road and river move close together in the narrow gap at Gutach, where the Vogtsbauernhof Open Air Museum fits so well into the landscape. Hundreds of thousands of visitors come here every year to see the different types of Black Forest farmhouses which vary from region to region. Dwellings, stalls, stables, barns and gardens take us back to a time when, despite the burden of existence, humans lived in harmony with their surroundings.

Looking at the huge farmhouses on the hillsides around Gutach or walking along its tributary valleys, you can still experience a seemingly untouched part of the Black Forest. This is the original area for the pom-pom hats but it will not let these charcteristic costumes, enhanced by the girlish charm of their attractive

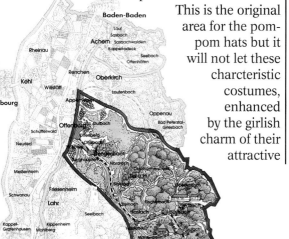

wearers, be used for marketing purposes. Moreover, the colourful carpets of petals prepared for public processions held on church high days and holidays reflect genuine religious devotion.

From Wolfach with its picturesque old houses and adjacent castle, the Kinzig flows past steep hillsides, accompanied by the railway and the road. The river dominates the valley which is enlivened by more and more towns and villages as it widens out. At Hausach, so that the old town centre can at last achieve its longed-for peace and quiet, the main road does with the traffic what the genius Robert Gerwig did in 1870 when he built his railway line – he made it disappear into a dark tunnel.

With idyllic tributary valleys on either side, the Kinzig is now also flanked by protective embankments. The flow of history was not always so well controlled; such proud towns as Haslach, Gengenbach and Zell in the Free Imperial Valley of Harmersbach often fell victim to hostilities. The baroque church tower at Gengenbach, a relict of its once powerful monastery, still stands out as a local landmark. The town's alleyways and fine half-timbered houses have even been used as a film set. Industry, trade and commerce have thrived in the Kinzig and Gutach valleys. Lower downstream vineyards herald the arrival of the fertile Rhine plain with its orchards and market gardens. As if it still wished to protect this rich farmland, Ortenberg Castle stands guard over the valley.

La vallée de la Kinzig

C'est ici que deux extrêmes se rencontrent. Lorsque l'on descend des montagnes, on remarque le point de rencontre – près de Hausach – où la rivière Gutach se déverse dans la Kinzig. C'est également ici que deux routes principales se rejoignent en une seule et que deux voies du chemin de fer se fusionnent. Un musée est là pour conserver les traditions mais les gens sont inondés par le progrès. Venant du Lac de Constance (Bodensee), le chemin de fer et la route principale entrent dans le département de l'Ortenau à Hornberg. Quand il arrive au viaduc – une réalisation audacieuse – le train a déjà traversé 38 tunnels. La voie ferrée, la route et la rivière sont côte à côte dans l'étroite vallée de Gutach, où se trouve le musée en plein air Vogtsbauernhof. Des centaines de milliers de visiteurs y viennent chaque année afin de voir les fermes de la Forêt-Noire, différentes selon les régions, mais s'harmonisant toujours avec le paysage. Les maisons, les étables, les granges et les jardins nous ramènent au temps où, malgré les fardeaux de l'existence, l'harmonie régnait entre les humains, leurs habitations et leur environnement.

Si vous avez la chance de contempler les grandes fermes sur les pentes autour de Gutach ou de vous promener dans les vallées avoisinantes, vous pourrez vous sentir en pleine Forêt-Noire, qui ne se laisse pas vendre au moyen de chapeaux à pompons. C'est pourtant le lieu d'origine de ce fameux costume caractéristique qui rehausse le charme des jeunes filles qui le portent. Ici, les jours de fêtes, les processions sur tapis de fleurs reflètent encore la dévotion religieuse traditionnelle.

À partir de Wolfach, avec ses vieilles maisons pittoresques et son château limitrophe, la Kinzig coule devant des pentes raides, accompagnée par le chemin de fer et la route. La rivière met un accent sur la vallée qui, en s'élargissant, s'embellit de plus en plus de villes et de villages. À Hausach, pour que le vieux centre-ville puisse enfin jouir de la tranquillité sans forte circulation automobile, la route disparaît dans un sombre tunnel – exactement comme le chemin de fer construit par l'ingénieur génial Robert Gerwig en 1870. Accompagnée par des vallées avoisinantes idylliques, la Kinzig coule maintenant entre des barrages protecteurs. Autrefois le cours de l'histoire ne se laissait pas toujours aussi facilement dompter. On raconte que de fières villes comme Haslach, Gengenbach et Zell dans la Vallée Impériale de Harmersbach ont souvent connu de violentes hostilités. La tour baroque de l'église de Gengenbach est un point de repère de la vallée. Elle rappelle le souvenir d'un monastère, jadis très puissant. Les ruelles et les jolies maisons à colombages ont parfois servi de coulisses pour des films. L'industrie, les métiers et le commerce ont contribué au développement des vallées de la Kinzig et de la Gutach. En aval, les vignobles annoncent l'approche de la plaine fertile du Rhin avec ses vergers et ses jardins maraîchers. Comme s'il voulait toujours protéger cette terre riche, le château-fort d'Ortenberg veille sur la vallée.

Vom Kinzigtal zur Ebene

The Gutach valley, home of the famous pompom hats, is an elongated community with superb farmhouses. The Black Forest Railway crosses the Hornberg viaduct.
In the Wolfach glass-works careful hands skilfully create a glass.
A grindstone is one of the many old pieces of equipment to be seen in the "Vogtsbauernhof" museum of traditional life.

Wir sind im Tal der Gutach, der Heimat des Bollenhutes. Schöne Bauernhöfe prägen das Bild der langgezogenen Gemeinde. Von Hornberg her fährt die Schwarzwaldbahn über den Viadukt talab. In der Glashütte in Wolfach bearbeiten behutsame Hände das Glas. Der Schleifstein gehört zu den alten Gerätschaften, die man im Freilichtmuseum "Vogtsbauernhof" sieht.

Nous sommes dans la vallée de la Gutach, pays du chapeau à pompons. De belles fermes s'étendent tout au long de cette commune. Le chemin de fer de la Forêt-Noire passe par le viaduc de Hornberg. Des verriers travaillent soigneusement à la verrerie de Wolfach. Une pierre à aiguiser fait partie des anciens outils qu'on voit au musée paysan "Vogtsbauernhof".

Vom Kinzigtal zur Ebene

Im Schutz der Burg Husen wuchs die Stadt Hausach. In Haslach ehrt man den Volksschriftsteller Heinrich Hansjakob mit einem Denkmal. Typisch sein breitrandiger Hut. Während sich die Kirche von Oberwolfach noch verschneit zeigt, freut sich die Hochzeitsgesellschaft über den Schmuck. Der "Wohlauf" erhebt sich in seinem Bett und ruft die Wolfacher Narren zum frohen Treiben.

Famous Hausach thrived under the protection of Husen Castle. In Haslach a statue wearing his famous broad-brimmed hat honours the memory of popular author Heinrich Hansjakob. In contrast with the winter view of Oberwolfach church, guests are delighted by the traditional wedding decorations. On Shrove Tuesday the Wolfach carnival character "Wohlauf" rises from his bed to proclaim the crazy activities.

Hausach s'est développée sous la protection du château Husen. À Haslach, un monument rend hommage au mémoire de l'écrivain Heinrich Hansjakob avec son chapeau typique à larges bords. L'église d'Oberwolfach sous la neige. Les invités apprécient les décorations traditionnelles du mariage. Le caractère carnavalesque "Wohlauf" se lève de son lit et invite les "fous" de Wolfach aux activités joyeuses du Mardi Gras.

Vom Kinzigtal zur Ebene

Am 15. August, am Fest Maria Himmelfahrt, werden die Kräuterbuschel geweiht. Neben Sträußen sieht man in Gengenbach auch solche Räder. Zehn Tage nach Pfingsten feiert man in Mühlenbach Fronleichnam. Den langen Prozessionsweg schmücken Blumenteppiche mit ihrer leuchtenden Pracht. Die Bäuerin in ihrer schönen Tracht freut sich über den "Herrgottstag".

Herb bunches are blessed on 15th August, Assumption Day. In Gengenbach these include not only small bouquets but also huge wheel-like bundles of herbs and flowers. Corpus Christi is celebrated ten days after Whitsun. In Mühlenbach the religious procession takes place along a splendid carpet of flowers, much admired by the farmer's wife in her traditional costume.

Le 15 août, à la fête de l'Assomption, le prêtre bénit les bottes de fines herbes. À Gengenbach, on ne fait pas seulement des bouquets mais aussi de telles couronnes composées d'herbes et de fleurs. Dix jours après la Pentecôte on célèbre la Fête-Dieu. À Mühlenbach le chemin de la procession est décoré d'un tapis de fleurs d'une splendeur éclatante, admi-rée par la paysanne en beau costume traditonnel.

Vom Kinzigtal zur Ebene

Die Bäuerin ist auf der Jagd nach Kartoffel-käfern. Wer in ein so heiteres Gesicht blickt, spürt, daß in der Ortenau ein aufgeschlossener Menschenschlag daheim ist. Im Backhaus wird das knusprige Brot gebacken, das zu Speck und Kirsch-wasser gehört.

This farmer's wife uses a tin can to catch potato beetles. Her work-worn but cheerful face makes you feel that Ortenau people are indeed a friendly breed. The bakehouse produces crusty bread which goes so well with smoked bacon and cherry brandy.

Cette fermière se sert d'une simple boîte pour combattre les doryphores. Quand on voit son visage usé, reflétant la joie, on sent bien que les gens de l'Ortenau sont d'une race ouverte et allègre. Le four produit un bon pain croustillant qui accompagne le lard fumé et l'eau de vie de cerises.

Vom Kinzigtal zur Ebene

Der Waschplatz und der Storchenturm erzählen in Zell am Harmersbach von alten Zeiten. Der Kapuzinerpater wanderte nie ohne Blumenstrauß. In Nordrach-Dorf grüßt die Kirche. Im Tal gibt es Fachkliniken und Sanatorien. Alte Türme gehören zum trauten Bild der Gengenbacher Altstadt. Neben malerischen Gassen, Festspielen und Museen setzen bedeutende Betriebe, wie die Polster- und Matratzenfabrik Hukla, Akzente.

Vom Kinzigtal zur Ebene

Als ein Wächter stand die Burg Ortenberg am Eingang des Kinzigtals. Nach der Zerstörung wurde sie 1838 wieder aufgebaut und dient heute der Jugend. Von den Zinnen kann man auf das Treiben an Fastnacht, auf die Festzüge mit der Bürgerwehr, die Trachtenträgerinnen oder das Paar beim Bändertanz schauen. Bunt ist das Leben, das sich zu Füßen der rebumkränzten Burg ausbreitet.

Ortenberg Castle once stood guard at the mouth of the Kinzig valley. After its destruction, it was rebuilt in 1838 and is now used as a youth hostel. From its battlements you can look down on the masked carnival characters and on the parades of militias, ladies in traditional costume and couples doing ribbon dances.

Comme un gardien, le château-fort d'Ortenberg veillait autrefois à l'entrée de la vallée de la Kinzig. Après sa destruction, il a été reconstruit en 1838 et sert maintenant d'auberge de jeunesse. De ses créneaux, on peut regarder les activités carnavalesques et les défilés des milices des citoyens, des femmes en costume traditionnel et des couples faisant la danse des rubans.

Vom Kinzigtal zur Ebene

Beim Offenburger Bahnhof pulsiert das Leben. Fachwerkhäuser gehören zu den Stadtteilen. Hinter der Kirche "Heilig Kreuz" steht der 1524 geschaffene Ölberg. Am Landratsamt, dem modernen Gegenstück zu dem Rathaus von 1741, spuckt die Brunnenfigur. Das Feuer der Fastnacht wird sie kaum löschen.

Offenburg station is a hive of activity. Many half-timbered houses decorate nearby villages. Behind Holy Cross church stands the "Mount of Olives" carved in 1524. By the county council building, the modern counterpart to Offenburg town hall of 1741, a fountain head spits water, but hardly enough to put out the carnival bonfire.

La gare d'Offenburg est toujours active. Des maisons à colombages décorent les villages avoisinants. Derrière l'église de la Sainte-Croix se trouve le "Mont des Oliviers", sculpté en 1524. Devant l'édifice administratif – équivalent moderne de l'hôtel de ville de 1741 – l'eau jaillit de la bouche de la fontaine. Mais cela ne suffira pas à éteindre les flammes carnavalesques.

Geroldseckerland

Wenn der Sommer heiß über dem Land lag, kam der Abt des Klosters Ettenheimmünster über den Streitberg nach Schweighausen. Wie auf einem Podest steht dort samt der Kirche das große Pfarrhaus, das ihm als Sommerresidenz diente. Schweighausen, Dörlinbach und Wittelbach im hinteren Schuttertal gehörten zur Herrschaft des Klosters, wie auch Ettenheimmünster und Münchweier jenseits der Berge im hinteren Münstertal. Auch durch die Herren von Geroldseck waren beide Täler miteinander verbunden. Die Geroldsecker hatten einst die Vogteirechte über das Kloster inne. Das vordere Schuttertal aber war Teil ihrer großen Herrschaft. Auf der Paßhöhe zwischen Kinzigtal und Schuttertal steht am Schönberg die vielbesuchte Ruine Hohengeroldseck, ein Symbol der Macht des einst so bedeutenden Geschlechts am Oberrhein. Auch die Herberge am Berg, das Gasthaus "Löwen", wird schon 1370 urkundlich genannt.

Im vorderen Schuttertal genoß Seelbach die besondere Gunst der Geroldsecker. Am Katharinenmarkt feiert man heute noch die Verleihung der Marktrechte im Jahr 1455. Schloß Dautenstein am Übergang des idyllischen Litschentals in das Schuttertal hütet die Erinnerung an eine Tiefburg der Geroldsecker aus dem 13. Jahrhundert. Das Schuttertal kennt noch die Stille abseits der hektischen Verkehrsströme. Die Höfe an den Hängen, die Kapelle droben auf der Anhöhe, die Schutter, die sich durch die Wiesen schlängelt, und die Blumen an Häusern und Brücken sind die malerischen Akzente in einem Bild, das so wohltuend ausgewogen ist. Erst wenn die Schuttertalstraße zwischen Seelbach und Reichenbach in die aus dem Kinzigtal kommende Bundesstraße mündet und es der Stadt Lahr zu geht, wird alles kraftvoller und bewegter. "Schweighausener Grund" nennt sich der Talschluß des Münstertals. So wird noch einmal die enge Verbindung beider Täler dokumentiert. Das Gasthaus am Rand der Straße, das ehemalige Mühlengebäude und die verwitterte Umfassungsmauer erinnern noch an das um 762 gegründete und 1806 aufgehobene Benediktinerkloster Ettenheimmünster. Während die Klostergebäude verschwanden, blieb die Wallfahrtskirche, dem Heiligen Landolin zugetan, erhalten. Die Silbermannorgel ist bei den Kirchenkonzerten die Königin der Instrumente. In Münchweier krönt die Kirche ein Ensemble schöner Fachwerkhäuser. Ihr Altar birgt das Grab des Heiligen Landolin. Weinberge begleiten die Straße durch das Tal, ehe die weithin sichtbare Pfarrkirche von Ettenheim von einem anderen Territorium früherer Tage kündet. Der Straßburger Fürstbischof, Kardinal Rohan, hat in ihr seine Ruhestätte gefunden. Er war 1789 vor der französische Revolution aus Straßburg geflohen und 1803 hier gestorben.

In seinem Schloß tagt heute der Ettenheimer Gemeinderat.

Geroldseckerland

The abbot of Ettenheimmünster monastery used to spend the hot summers in Schweighausen where his summer residence was the large manse next to the church. Both buildings enjoy a commanding view over the upper Schutter Valley which belonged to the monastery. Its domains included Schweighausen, Dörlinbach and Wittelbach, as well as Ettenheimmünster and Münchweier in the upper Münster Valley located on the other side of the Streitberg pass. The upper parts of these two valleys were also connected by their Geroldseck overlords who once held jurisdiction over the monastery. The lower part of the Schutter Valley, however, belonged directly to Geroldseck territory.

The much visited ruin of Hohengeroldseck Castle, a powerful symbol of that once mighty Upper Rhine dynasty, still guards the Schönberg pass between the Kinzig and Schuttertal Valleys. The inn on the pass, now known as "The Lion", was first mentioned in manuscripts of 1370.

In the lower Schutter Valley, the Geroldseck family particularly favoured Seelbach where the annual St. Katherine's Market still celebrates the awarding of the village's market rights in 1455.

Dautenstein Castle, located there at the entrance to the idyllic Litschen Valley, contains vestiges of a moated castle built by the Geroldseckers in the 13th century.

Most of the Schutter Valley still enjoys

some measure of peace and quiet away from hectic streams of traffic. The hillside farms, the little chapel up on the knoll, the Schutter river winding its way through the meadows as well as the flowers on the houses and bridges are the picturesque aspects of this wholesome well-balanced scene. The road down the Schutter Valley only gets busy and noisy when it meets the main road from the Kinzig Valley between Seelbach and Reichenbach and then approaches the town of Lahr. "Schweighausen Ground" is the local name for the top part of the Münster Valley, thus once more demonstrating the close ties between the two valleys. A roadside inn, a former mill and weather-beaten outer walls are all that remain of Ettenheimmünster Benedictine Abbey, founded in 762 and disbanded in 1806. Although the monastery itself was demolished, the pilgrimage church dedicated to St. Landolin was preserved. Constructed by the famous Silbermann family of instrument-makers, its splendid organ still reigns over fine concerts held in the church. St. Landolin himself was actually buried beneath the altar of Münchweier church which is the jewel in the crown formed by a ring of beautiful half-timbered houses. There are vineyards on either side as you drive down the Münster Valley road towards Ettenheim whose parish church is a highly visible landmark for yet another former territory. This is where Cardinal Rohan, prince-bishop of Strasbourg, found his last resting place. He died in Ettenheim in 1803 after fleeing to his German estates to seek safety from the French Revolution in 1789. His grand mansion now serves as Ettenheim's town hall.

Au pays des Gerolds-eck

L'abbé du monastère d'Ettenheimmünster venait passer les chaleurs de l'été à Schweighausen. Sa résidence estivale était le grand presbytère à côté de l'église. Les deux édifices jouissent d'une vue magnifique sur la haute vallée de la Schutter qui faisait partie des domaines du monastère, comprenant les villages de Schweighausen, de Dörlinbach et de Wittelbach, ainsi que de Ettenheimmünster et de Münch-weier situés au-delà du col de la Streitberg dans la haute vallée de Münster. Ces deux vallées étaient également reliées par les seigneurs Geroldseck qui tenaient autrefois la jurisdiction sur le monastère. Cependant, l'aval de la vallée de la Schutter appartenait aux domaines principaux des Geroldseck. Au haut du col de la Schönberg, entre les vallées de la Kinzig et de la Schutter, se trouvent les ruines, souvent visitées, du château Hohen-geroldseck, symbole toujours impressionnant de la puissante dynastie du Haut-Rhin. L'auberge sur le col, maintenant connue sous le nom du "Lion" (Löwen), a été mentionnée dans un manuscrit dès 1370.

En aval de la Schutter, la famille Geroldseck a particulièrement favorisé le village de Seelbach où se tient toujours le marché annuel de la Ste-Catherine, marquant encore les droits de marché reçus en 1455. Le château de Dautenstein, situé à l'embouchure de la vallée idyllique de la Litschen, nous rappelle le château à douves construit par les Geroldsecker au 13e siècle.

Dans la majorité de son étendue, la vallée de la Schutter jouit d'une tranquillité loin de la circulation automobile. Les fermes sur les pentes, la petite chapelle sur le côteau, la rivière Schutter serpentant à travers les prés ainsi que les fleurs sur les maisons et les ponts sont les aspects pittoresque de cette scène bien équilibrée.

La route ne devient agitée et bruyante qu'entre Seelbach et Reichenbach, à partir du moment où elle se joint à la route principale qui arrive de la vallée de la Kinzig et s'approche de la ville de Lahr. "Le fond de Schweighausen" est le nom local du haut de la vallée de Münster, indiquant encore une fois les liens étroits entre les deux vallées. Une auberge au bord de la rue, un ancien moulin et les murailles dégradées sont tout ce qui reste de l'ancienne abbaye des Bénédictins d'Ettenheimmünster, fondée en 762 et dissoute en 1806. Les bâtiments du monastère ont disparu mais l'église de pèlerinage dédiée à St-Landolin a été préservée. Son orgue, construit par la célèbre famille Silbermann, est le roi des instruments lors des concerts dans cette église.

À Münchweier, l'église est le joyau de la couronne formée par un groupe de belles maisons à colombages. Sous son autel se trouve le tombeau de St. Landolin. Des vignobles côtoient la route avant qu'elle atteigne l'église paroissiale d'Ettenheim, point de repère annonçant un autre territoire ancien.

Le Cardinal Rohan, prince-évêque de Stras-bourg, y a trouvé sa dernière demeure. Il s'est enfui dans sa propriété en Allemagne afin d'éviter la Revolution française de 1789.

Il est mort à Ettenheim en 1803. Sa résidence est devenue l'hôtel de ville d'Ettenheim.

Geroldsecker-land

Neben der Kirche steht in Schweighausen das Pfarrhaus, einst Sommersitz der Äbte. Von Dörlinbach geht der Blick abwärts nach Schuttertal. Die Mühle des Jägertonihofs in Dörlinbach.
Menschen und Landschaft gehören zusammen.

The priest's house beside Schweighausen church was once an abbot's summer residence.
A view from Dörlinbach, down the Schutter valley. The watermill at Jägertoni's farm in Dörlinbach.
Local people are part of the landscape.

Le presbytère voisin de l'église de Schweighausen était autrefois la résidence estivale des abbés. Vue de la vallée de la Schutter en aval de Dörlinbach.
Moulin à eau de la ferme Jägertoni à Dörlinbach.
Les gens de la région s'harmonisent avec le paysage.

Geroldseckerland

Vom Turm der Ruine Hohengeroldseck hat man diesen Blick über die Berge und Wälder. Über dem Dunstschleier in der Rheinebene grüßen die Vogesen. Im Schloß Dautenstein in Seelbach, einer früheren Wasserburg, sind seltene Tapeten zu sehen. Sie entstanden 1814 im Elsaß.

From the top of Hohengeroldseck castle ruins you look out over hills and forests to the Vosges, just visible above the misty veil covering the Rhine plain. This rare wallpaper, made in 1814 in Alsace, can be seen in Dautenstein Manor, a former moated castle at Seelbach.

Vue d'en haut des ruines du château de Hohengeroldseck. Les collines des Vosges sont à peine visibles au-dessus de la brume qui recouvre la plaine du Rhin. Au château de Dautenstein, ancienne forteresse à douves de Seelbach, on peut voir ce papier peint rare, fabriqué en 1814 en Alsace.

Geroldseckerland

Der Kirchturm in Münchweier erhebt sich über einem Ensemble malerischer Fachwerkhäuser. Während die Schafe im Schnee nach Gras suchen, liegt über der Stadtkirche von Ettenheim wärmende Sonne. Barocke Heiterkeit auch in der Wallfahrtskirche St. Landolin in Ettenheimmünster.

Münchweier church tower rises above a group of picturesque half-timbered houses. Sheep search for grass in the snow, while sunshine warms Ettenheim church. Baroque style reigns supreme in St. Landolin's pilgrimage church at Ettenheimmünster.

La tour de l'église de Münchweier s'élève audessus d'un ensemble pittoresque de maisons à colombages. Les moutons cherchent de l'herbe dans la neige, tandis que le soleil chauffe l'église d'Ettenheim. Le style baroque s'épanouit dans l'église de pélerinage de St-Landolin à Ettenheimmünster.

Geroldseckerland

Der Judenfriedhof in Schmieheim erinnert und mahnt. In Kippenheim blieb die Synagoge erhalten. Die Uhr am Alten Rathaus in Lahr freut sich über die Sonne, die bei Kippenheim die Trauben verwöhnt. Von 1658 ist der geschnitzte Eckpfosten mit der Heiligen Familie in Ettenheim.

The Jewish cemetery in Schmieheim is both a reminder and a warning. Kippenheim synagogue also survived the ravages of history. The sundial on Lahr's old town hall enjoys the sunshine, as do the grapes in Kippenheim. This image of the Holy Family was carved into a corner post at Ettenheim in 1658.

Le cimetière juif à Schmieheim est un souvenir et un avertissement. La synagogue de Kippenheim a été également préservée. Le cadran solaire sur l'ancien hôtel de ville de Lahr se réjouit du soleil qui brille aussi sur les raisins à Kippenheim. La Sainte Famille a été sculptée dans ce pilier à Ettenheim en 1658.

Geroldsecker-land

Bis in das 7. Jahrhundert reicht die Peterskirche im Lahrer Stadtteil Burgheim zurück. Der Stadtpark ist das Geschenk des Lahrer Bürgers Jamm. Der Japaner Akiyama schuf die Plastik für Lahr. Während die einen auf dem Wochenmarkt einkaufen, läßt der Bub in Sulz seine Enten im Stockbrunnen schwimmen.

The origins of St. Peter's church in Burgheim, part of Lahr, go back to the 7th century. Lahr's municipal park was a gift from Mr. Jamm, a local inhabitant. Akiyama, a Japanese artist, created this sculpture for Lahr. Some people go shopping at the weekly market, and a boy in Sulz takes his ducks for a swim in the water fountain.

Les origines de l'église St-Pierre à Burgheim, un quartier de Lahr, remontent au 7e siècle. Le parc municipal de Lahr est le don d'un de ses habitants. Un artiste japonais a créé cette sculpture pour la ville de Lahr. Tandis que des gens font des achats au marché hebdomadaire, un garçon de Sulz fait nager ses canards dans la fontaine.

Geroldsecker-land

Auf dem Langenhard bei Lahr weidet der Schäfer seine Herde.
Über die Berge kann er hinausschauen in die Rheinebene. Wanderwege umziehen den einstigen Truppenübungsplatz.
Beim Bauern gibt es selbstgebackenes Brot. Wenn man ein Kirschwasser dazu hat, kann der Frost kommen.

A shepherd grazes his flock on Lahr's Langenhard, a former military exercise area riddled with foot-paths.
From up there he can look out over the hills onto the Rhine plain.
There's home-made bread at the farm, and if you have cherry brandy to go with it, then you needn't worry about the frost.

Le berger fait paître son troupeau sur le Langenhard, près de Lahr. Cet ancien terrain d'exercices militaires est entouré de sentiers.
De là-haut, on peut voir les collines et la plaine du Rhin. Il y a du pain "maison" à la ferme. Si l'on boit de l'eau-de-vie avec, on ne se soucie pas du gel.

Landschaft am Strom

Der Strom trennt. Brücken und Fähren verbinden. Zwischen Vogesen und Schwarzwald ist die Rheinebene wie ein bunter Teppich ausgebreitet. Während da und dort noch der Charakter der Auelandschaft mit Wiesen, Weiden und kleinen Waldungen erhalten blieb, hat die stürmische industrielle Entwicklung die Ebene schon lange erfaßt. Die Stränge der Eisenbahnen, die Autobahn, die Bundesstraßen und die von Mast zu Mast sich schwingenden Leitungen der Energieversorgung sind mit den in die Täler ziehenden Straßen das Netzwerk, in dem das moderne Leben pulsiert. Sonnenblumenfelder wechseln sich ab mit den leuchtenden Flächen des gelben Rapses. Die großen Blätter der Tabakpflanzen wehen mit den Fahnen der Maisstauden um die Wette. Obst und Gemüse wandern von den Dörfern auf die Märkte in den Städten. Wein von den sonnigen Hängen der Hügel runden in den gastlichen Stätten die von vielen Gästen gelobte badische Küche ab. Wahrlich eine Landschaft für Genießer!

Neben dem Rheinseitenkanal fließt der Rhein träge dahin. Zwischen ihm und den Schwarzwaldbergen am Ostrand der Ebene darf man die geglückte Symbiose von Landschaft und Arbeitswelt erleben. Dort, wo der Rhein den Ortenaukreis im Süden erreicht, suchen froh gestimmte Menschen aus nah und fern im Europa-Park nicht nur unterhaltsame Begegnungen, sondern auch fremde Welten, die in den alten Adelssitz eingebunden sind. Gleich daneben beginnt mit dem Taubergießen eine in die

Gegenwart herübergerettete Wildnis. Schwäne und Fischreiher, Enten und Libellen haben zwischen alten Bäumen und auf den stillen Wasserarmen ihre Reviere.

An den Ausgängen der Täler, da und dort hineinmodelliert in die Vorberge, entfalten sich die Städte. Ettenheim, die alte fürstbischöfliche Amtsstadt, zollt mit Kirche, Rathaus und Bürgerhäusern der Barockzeit einen verschnörkelten Tribut. Schloß Mahlberg überragt auf einem Vulkankegel die Stadt. Schon der Staufer Friedrich II. siegelte 1218 in der Burg Mahlberg Urkunden. In Lahr bewahren Storchenturm und Altes Rathaus die Erinnerung an die Geroldsecker. Aus dem Schuttertal hat sich die Stadt weit in die Ebene hinaus entfaltet. Probleme, wie die Umwandlung der aufgelösten großen Garnison, sollen gemeinsam mit dem Umland gelöst werden. Offenburg ist die sich mehr und mehr ausdehnende Kreishauptstadt. Industrie, Gewerbe und der Bereich der Dienstleistungen, aber auch bildende Künste, Musik und Museen machen sie zu einem bedeutenden Mittelpunkt im Oberrheinland. Achern und Renchen nehmen Anteil an dieser kraftvollen Entwicklung des mittelbadischen Raumes. In Kehl erfüllt sich der Traum, den viele Politiker hatten. Hier an der Europa-Brücke ist die Verknüpfung nicht nur mit Straßburg, sondern mit Europa im täglichen Austausch zu spüren. Der Rheinhafen ist Ankerplatz für eine Stadt, die sich nicht im Schatten des großen Nachbars fühlt, sondern ihm ein eigenständiger Partner ist.

The Rhine river separates people – bridges and ferries bring them together.

The Rhine plain is spread out like a colourful carpet between the Vosges mountains and the Black Forest. Here and there its original marshy character can still be found in watery meadows and wetland woods but most of the area has long been affected by swift industrial development. The lifeblood of the modern world flows through its network of railways, motorways, main roads, side roads and power lines carrying electricity supplies from mast to mast.

Fields of sunflowers alternate with bright yellow patches of colza. The large leaves of the tobacco and maize plants seem to rival one another as they sway in the wind.

The Rhine plain

Fruit and vegetables from the villages are taken to market in the towns. Wines from the sunny hillsides complement the wide range of much praised food provided by local inns and restaurants. This is indeed a great place for people to enjoy the good things in life!

The Rhine flows sluggishly along beside its own canal. Between the river and the Black Forest hills to the east of its flood plain lies a landscape which can be described as a successful symbiosis of town and country. Where the Rhine reaches the southern end of Ortenau county, many happy visitors have great fun at Europa Amusement Park, a world of entertainment created within the space of a former aristocratic castle garden. Taubergießen Nature Reserve is located nearby. It consists of a flooded wilderness preserved in its

authentic state, where swans and herons, ducks and dragonflies still maintain their hunting grounds among old trees and still waters in abandoned arms of the Rhine. Most of the towns on the Rhine plain are actually squeezed between the foothills of the Black Forest at the mouths of its tributary valleys. Ettenheim's baroque church, townhall and houses pay splendid tribute to its former status as the seat of a prince-bishop. Mahlberg Castle, perched on its volcanic rock outcrop, dominates the town clustered around it. As far back as 1218, Staufer Emperor Friedrich II set his seal to documents in this castle. Lahr's Stork Tower and Old Townhall maintain its Geroldseck heritage but its built-up area long ago spread out from the Schutter valley onto the Rhine plain. The problems involved in converting from a military garrison to civilian use can only be solved in conjunction with surrounding communities.

Offenburg is the rapidly expanding seat of the county administration. Its manufacturing, trade and service industries as well as a concentration of art, music and museums have made it into an important centre for the whole of the Upper Rhine region. Achern and Renchen have also profited from the developing prosperity in central Baden province. Kehl is a dream come true for the many politicians who favour the European Union – its bridge over the Rhine not only connects Germany with France but throbs with life because of constant European contacts. Strasbourg is a powerful neighbour but Kehl does not feel overshadowed because its inland port facilities anchor it firmly in place as an indispensable but independent partner.

La plaine du Rhin

Le fleuve sépare; les ponts et les traversiers créent des liens. La plaine du Rhin s'étale comme un tapis multicolore entre les montagnes des Vosges et la Forêt-Noire. Alors qu'on trouve ici et là le caractère originaire des marais, prés et boisés, la plus grande partie de la plaine est depuis longtemps marquée par le développement précipité de l'industrie. Le sang de la vie moderne circule dans ce réseau de chemins de fer, d'autoroutes, de routes principales et secondaires et de lignes d'électricité qui transportent l'énergie de pylône en pylône. Des champs de tournesol succèdent aux taches de jaune brillant du colza. Les plants de tabac et de maïs semblent agiter leurs grandes feuilles en compétition les uns avec les autres. Les fruits et légumes des villages sont vendus aux marchés dans les villes.

Les vins des côteaux ensoleillés accompagnent la bonne cuisine du terroir préparée dans les auberges et les restaurants. Vraiment une région pour ceux qui savent apécier les bonnes choses de la vie!

Le Rhin coule doucement à côté de son canal. D'ici jusqu'aux montagnes de la Forêt-Noire à l'est de la plaine se trouve un paysage étalant une symbiose réussie d'urbanisme et de nature.

Là où le Rhin atteint la partie sud du département de l'Ortenau, de joyeux visiteurs, venant de près ou de loin, découvrent à l'Europa-Park non seulement les divertissements mais aussi des impressions de différents pays. Toutes les installations sont concentrées dans les terrains d'une ancienne propriété aristocratique.

Juste à côté est situé le parc naturel de Taubergießen, une jungle marécageuse préservée jusqu'à nos jours en son état primordial, où des cygnes et des hérons, des canards et des libellules vont à la chasse parmi les vieux arbres et les eaux tranquilles des bras abandonnés du Rhin.

Nichant entre les côteaux de la Forêt-Noire, la plupart des villes sont situées à la sortie des vallées latérales du Rhin. L'église, l'hôtel-de-ville et les maisons baroques d'Ettenheim rendent un hommage imposant à l'ancien siège du prince-évêque. Perché sur son affleurement volcanique, le château de Mahlberg domine la ville bâtie à ses pieds. L'empereur Friedrich II a mis son cachet à des documents lors d'un séjour en 1218. Le patrimoine des Geroldseck est conservé dans la tour des cigognes et dans l'ancienne mairie de Lahr, ville qui s'est étendue de la vallée de la Schutter vers la plaine du Rhin.

Ses problèmes de conversion de ville-garnison à cité civile ne peuvent être résolus qu'en coopération avec les communes environnantes. En expansion rapide, Offenburg est le siège de l'administration départementale. Le commerce, les industries de fabrication et de service ainsi que les beaux arts, la musique et les musées en font un centre important pour toute la région du Haut-Rhin. Achern et Renchen profitent aussi du fort développement du centre du pays de Bade.

À Kehl s'est réalisé un rêve de plusieurs hommes politiques: le pont de l'Europe rattache l'Allemagne à la France et, dans les contacts quotidiens qui y ont lieu, on peut sentir le battement du coeur de l'Union européenne.

Kehl ne se laisse pas éclipser par son puissant voisin, Strasbourg, car son port fluvial l'ancre solidement comme partenaire indispensable mais quand même indépendant.

Landschaft am Strom

Im Tauber-
gießen sitzt der
Haubentaucher
auf seinem
schwimmenden
Nest.
Auf dem klaren
Wasser blüht
der Flutende
Hahnenfuß.
Von der Ver-
gangenheit
erzählt das
Schloß Rust,
das jetzt zu
dem der frohen
Gegenwart
zugewandten
Europa-Park
gehört. Im
rauschenden
Wasser darf
man lachen.

A crested diver
sits on its
floating nest
and water
buttercups
flower above
the clear
waters of
Taubergießen
nature reserve.
Rust castle
reminds us of
the past but has
attractively
adapted itself to
present-day life
at Europa-Park
where raft rides
are great fun for
everyone.

Un plongeon
huppé est assis
sur son nid
flottant et des
boutons d'or
aquatiques
fleurissent sur
les eaux claires
de la réserve
naturelle
Taubergießen.
Le château de
Rust nous
rappelle le
passé mais il
s'est bien
adapté au
présent épris de
loisirs en
faisant partie
des attractions
de l'Europa-
Park où l'on
s'amuse sur
les eaux
turbulentes.

Landschaft am Strom

Sometimes winter is like an artist whose frosty wand casts a spell making the trees glisten like glass.
Reeds ripple in the wind. This reflected winter splendour will soon be brought to an end by the sun's warmth as spring approaches.

Manchmal ist der Winter ein Maler.
Mit Raureif zaubert er eine Baumkulisse, die wie Glas leuchtet.
Die Fahnen des Schilfs wehen im Wind.
Das Wasser spiegelt die winterliche Pracht.
Die Sonne wird ihr ein Ende bereiten.
Bald dürfen wir wieder an den Frühling denken.

L'hiver, comme un peintre, transforme les arbres d'un givre cristallin.
Les roseaux se balencent dans le vent.
L'eau reflète cette splendeur hivernale que le soleil fera bientôt fuir.
Nous penserons au printemps avec impatience.

Landschaft am Strom

Auf vulkanischem Hügel steht Schloß Mahlberg. Tabak ist eine der Sonderkulturen, die man pflegt. In Blumen hat sich der Wandersmann gebettet, derweil der Bub das erfrischende Wasser genießt. Polternd fallen die Äpfel in den Wagen. Sie werden einen guten Most geben.

Mahlberg castle stands on a volcanic outcrop. Tobacco grows well in the Rhine valley. A walker lies on a bed of flowers as a boy enjoys the refreshing water. Some good cider apples fall into the cart with a thud.

Le château de Mahlberg s'élève sur un afleurement volcanique. Le tabac est l'une des cultures caractéristiques de la vallée du Rhin. Un promeneur s'étend dans un lit de fleurs tandis qu'un garçon apprécie la fraîcheur de l'eau. Les pommes tombent lourdement dans la charette; elles produiront un bon cidre.

Landschaft am Strom

Das Haus mit dem Staffelgiebel wird 1670 als Stubenwirtschaft erwähnt. Seit 1853 ist es das Rathaus der Gemeinde Friesenheim. Zu ihr gehört auch die Klosterkirche im Ortsteil Schuttern mit dem Wappen des Abts Karl Vogel von 1773. Sonnenblumen und Altrhein-arme gehören zum Bild der Ebene.

This step-gabled building was mentioned as an inn in 1670 and has been Friesenheim townhall since 1853. Its administrative district includes Schuttern abbey, decorated with the 1773 coat of arms of Abbot Karl Vogel. Familiar features are sunflowers and lakes formed in old bends of the Rhine.

En 1670, l'édifice avec pignon à redans a eté mentionné comme auberge; depuis 1853, il sert de mairie à Friesenheim. Dans cette commune se trouve l'église abbatiale de Schuttern, décorée en 1773 des armoiries de l'abbé Karl Vogel. Les tournesols et les anciens méandres du Rhin font partie intégrante de la plaine.

Friederike Brion
von Sesenheim gewidmet.
* 19·IV·1752 † 3··· 1813
Ein Stral der Dichterg...
So reich, daß er Un...

Landschaft am Strom

In Meißenheim ist das Grab der Friederike Brion. Ihr hat Goethe seine schönsten Liebeslieder gewidmet. Am Rand eines Altrheinarms liegt Goldscheuer. Vor dem Rathaus belebt ein Brunnen das Bild. Typische Fachwerkhäuser sieht man in Willstätt. Das Kraut läßt schon das herzhafte Sauerkraut erahnen.

Goethe dedicated his most beautiful love poems to Friederike Brion whose grave lies in Meißenheim. Goldscheuer, whose gold-panning past is represented by a town-hall statue, is located on a former bend of the Rhine. Typical half-timbered houses can be found in Willstätt. Fields of cabbages make you think of a hearty Sauerkraut meal.

Goethe dédiait ses plus beaux vers d'amour à Fréderique Brion, dont le tombeau se trouve à Meißenheim. Goldscheuer est situé sur un ancien méandre du Rhin; une statue devant la mairie rappelle sa tradition d'orpaillage. Les maisons à colombages sont typiques de Willstätt. Les choux vous font déjà penser à la choucroute savoureuse.

Auf dem Korker Bühl, einem alten Gerichtsplatz, stehen die Fachwerkhäuser und die evangelische Kirche. Der Turm der katholischen Kirche in Kehl ragt über Wasser und Weiden empor. Das Heidenkirchle in Freistett ist das älteste Gotteshaus im Hanauerland.

The Protestant church and half-timbered houses surround Kork village centre, where trials used to be held outdoors. Kehl's Catholic church towers above water and willows. The so-called "heathen" church in Freistett is the oldest place of worship in the Hanauerland region.

À Kork, sur la place du village où autrefois se rendait la justice, se dressent les maisons à colombages et le temple protestant. La tour de l'église catholique de Kehl s'élève au-dessus de l'eau et des saules. L'église "païenne" à Freistett est le plus ancien lieu de culte de la région Hanauerland.

Landschaft am Strom

Europa-Brücke und Eisenbahnbrücke verbinden Kehl über den Rhein hinweg mit der Europastadt Straßburg. Der Kehler Hafen bedient Industriebetriebe, aber auch bedeutende Handels- und Speditionsunternehmen. Die Badischen Stahlwerke stellen Walzdraht und Betonrippenstahl her. Rotglühend fließt das Metall in die Gußanlage.

The road and rail bridges over the Rhine connect Kehl with the European city of Strasbourg. The port of Kehl serves industry, trade and transport. Red-hot metal flows into the cast at Baden Steelworks, which produce rolled wire and reinforcements for concrete.

Par dessus le Rhin, les ponts de la route et du chemin de fer rattachent Kehl à la ville européenne de Strasbourg. Le port de Kehl sert à l'industrie ainsi qu'aux importantes entreprises de commerce et de transport. La fonte coule dans le moule à l'usine sidérurgique de Baden, qui fabrique le fil d'acier et le fer à béton.

Die Deutsche Bibliothek - CIP - Einheitsaufnahme

Schöne Ortenau: vom Schwarzwald durch den
Ortenaukreis zum Rhein / Philipp Brucker; Fotografiert
von Wolfgang Bahr. - Lahr: Schauenburg, 1995

ISBN 3-7946-0333-8

1995
© Verlag Moritz Schauenburg GmbH, 77933 Lahr

ISBN 3-7946-0333-8

Texte: Philipp Brucker, Lahr
Fotos: Wolfgang Bahr, Lahr
Layout: U. H. Müller, Zell a.H.
Übersetzungen: Trisha Cornforth, Lahr
Satz: Schütz GmbH, Lahr
Lithos: Elektrongraph s.p.a., Verona, Italien
Druck und Verarbeitung: Grafiche SIZ, Verona, Italien